AF206431

Hans-Peter Oswald:

Warum Sie eine De-Domain für Ihre Webseite verwenden sollten

FSC
www.fsc.org

MIX

Papier aus ver-
antwortungsvollen
Quellen
Paper from
responsible sources

FSC® C105338

Inhalt

Vorwort

Gehen Sie bitte doch einmal zu Google.de und geben Sie das Stichwort "Bücher" ein. Sie werden selbst feststellen, dass Sie nur Webseiten auf der ersten Seite von Google finden werden, die mit De-Domains arbeiten.

Bei anderen Stichworten ist die Lage genauso. Das ist das wichtigste Argument für die Registrierung einer DeDomain, wenn der große Markt Deutschland Sie interessiert.

Deutsche suchen zuerst nach De-Domains. Viele Nutzer gehen nicht zu Google, um zu suchen, sondern geben spontan Begriffe +.de in den Browser ein.

Da Deutsche erwarten, daß eine Webseite .de verwendet, merken sie sich besuchte Seiten oder Seiten, von denen Sie gehört haben, unbewußt mit einer De-Domain, selbst wenn es tatsächlich keine De-Domain gewesen ist. Auch durch diesen Effekt können Webseiten-Inhaber Traffic verlieren, wenn Sie andere Domains verwenden.

Es spricht übrigens nichts dagegen, neben der De-Domain auch andere Domains, zum Beispiel eine com-Domain für einen internationalen Auftritt und Neue Top Level Domains für ein branchenspezifisches Marketing zu registrieren, um sie auf die Webseite mit der De-Domain zu leiten oder eine eigenständige Webseite mit eigenen Inhalten zu schaffen.

Mehr Netze fangen mehr Fische....

Sie hatten vielleicht einmal Gelegenheit im Urlaub einen traditionellen Fischer zu beobachten. Er wirft nicht nur ein Netz aus, sondern mehrere. Denn er weiß: Mehr Netze bringen mehr Fische. Folgen Sie dem Beispiel des Fischers: Mehr Domains bringen mehr Traffic, damit auch mehr Kontakte.

Früher listete Google in den Suchergebnisse oft eine Domain mit zahlreichen Subdomains oder URLs. Um mehr Vielfalt in den Suchergebnissen durch das Listen unterschiedlicher Angeboten zu schaffen, hat Google damit aufgehört.

Für Nutzer, insbesondere Firmen, lohnt es sich daher mehr als je zuvor, nicht nur mit einer

Domain, sondern mit mehreren Domains im Netz vertreten zu sein. Mit mehreren Domains steigt die Chance von Google mit einer oder mehreren Webseiten in den Suchmaschinen-Ergebnissen gut gelistet zu werden.

Hans-Peter Oswald

Kapitel 1: Einführung in die De-Domain

Die De-Domain ist die Top-Level-Domain (TLD) für Deutschland und wurde 1986 eingeführt. Sie wird von der DENIC eG verwaltet, einer gemeinnützigen Genossenschaft, die von verschiedenen deutschen Internet-Service-Providern und der Universität Dortmund gegründet wurde.

Die De-Domain ist heute eine der wichtigsten Top Level Domains (TLD) weltweit und gehört zu den zehn am häufigsten verwendeten Domainendungen. Sie wird von Unternehmen und Privatpersonen genutzt, um ihre Online-Präsenz zu etablieren und zu stärken.

Die De-Domain bietet eine Vielzahl von Vorteilen, darunter:

1. Lokale Präsenz: Die De-Domain ist eine Top Level Domain, die speziell für Deutschland entwickelt wurde. Sie ermöglicht es Unternehmen und Organisationen, ihre lokale Präsenz im Internet zu stärken und ihre Identität als deutsche Marke zu unterstreichen.

2. Vertrauen und Glaubwürdigkeit: Eine De-Domain-Adresse schafft Vertrauen und Glaubwürdigkeit bei Kunden und anderen Interessengruppen. Sie zeigt, dass ein Unternehmen in Deutschland ansässig ist und lokale Dienstleistungen oder Produkte anbietet.

3. Verfügbarkeit: Eine freie De-Domain ist leicht verfügbar und einfach zu registrieren. Die Registrierung erfolgt über akkreditierte Registrare, die von der DENIC eG akkreditiert wurden.

4. Flexibilität: Die De-Domain bietet eine hohe Flexibilität bei der Wahl des Domainnamens. Unternehmen und Privatpersonen können aus einer Vielzahl von verfügbaren Namen wählen, um ihre Online-Präsenz zu gestalten.

5. Sicherheit: Die De-Domain ist sicher und wird von der DENIC eG überwacht, um Missbrauch und Betrug zu verhindern.

Die De-Domain hat sich in den letzten Jahren stark entwickelt und wird voraussichtlich auch in Zukunft weiterwachsen. Die DENIC eG hat ihre Infrastruktur und ihre Dienstleistungen kontinuierlich verbessert, um den steigenden

Anforderungen gerecht zu werden und den
Bedürfnissen der Nutzer gerecht zu werden.

Links:

http://www.denic.de

https://www.domainregistry.de/de-domains.html

Kapitel 2: Geschichte der De-Domain

Die De-Domain wurde 1986 von der Universität Dortmund als Top-Level-Domain für Deutschland eingeführt. Zunächst wurde sie von der Universität selbst verwaltet und registriert. 1996 wurde die DENIC eG gegründet, um die Verwaltung und Registrierung der De-Domains zu übernehmen. Seitdem ist die DENIC eG die offizielle Registrierungsstelle für die De-Domain.

In den frühen Jahren der De-Domain war die Registrierung nur für Unternehmen und Organisationen möglich, die eine feste Adresse in Deutschland hatten. Im Jahr 1997 wurde die Registrierung auch für Privatpersonen geöffnet. Seitdem hat sich die De-Domain zu einer der wichtigsten Top Level Domains weltweit entwickelt.

In den 1990er Jahren erlebte das Internet und damit auch die De-Domain einen starken Anstieg an Registrierungen. Im Jahr 1997 wurden bereits mehr als 100.000 De-Domains registriert. Das Wachstum setzte sich in den folgenden Jahren fort und erreichte im Jahr 2009 mit über 14

Millionen registrierten De-Domains einen ersten Höhepunkt.

Im Jahr 2005 nahm die DENIC eG Beziehungen zur Internet Corporation for Assigned Names and Numbers (ICANN) auf , der internationalen Organisation, die die Vergabe von generischen Domainnamen und IP-Adressen koordiniert. Seitdem ist die DENIC eG an der Entwicklung und Umsetzung von globalen Internetstandards beteiligt.

Im Jahr 2010 führte die DENIC eG eine Reform der Registrierungsbedingungen durch. Unter anderem wurde die Möglichkeit geschaffen, Domainnamen mit Umlauten und Sonderzeichen zu registrieren. Diese Änderung machte die De-Domain noch attraktiver für Unternehmen und Organisationen mit einem starken lokalen Bezug.

Heute ist die De-Domain eine der wichtigsten Top Level Domains weltweit und wird von Unternehmen, Organisationen und Privatpersonen genutzt, um ihre Online-Präsenz zu etablieren und zu stärken. Die DENIC eG arbeitet kontinuierlich an der Verbesserung ihrer Dienstleistungen und der Infrastruktur, um den steigenden

Anforderungen gerecht zu werden und die De-Domain auch in Zukunft attraktiv und relevant zu halten.

Links:

http://www.denic.de

https://www.domainregistry.de/de-domains.html

Kapitel 3: Registrierung von De-Domains

Die Registrierung einer De-Domain ist vergleichsweise einfach und unkompliziert. Interessenten können die Registrierung über einen akkreditierten Registrar oder direkt bei der DENIC eG vornehmen.

1. Voraussetzungen für die Registrierung

Um eine De-Domain zu registrieren, muss der Registrant bestimmte Voraussetzungen erfüllen. Zunächst muss er eine postalische Adresse in Deutschland haben. Bei Unternehmen und Organisationen muss zudem eine Geschäftsadresse in Deutschland nachgewiesen werden. Private Registranten müssen ihren Wohnsitz in Deutschland haben.

Weiterhin müssen die Registrierungsbedingungen der DENIC eG erfüllt werden. Diese umfassen unter anderem die Einhaltung der geltenden Gesetze und Vorschriften sowie die Beachtung der Rechte Dritter.

2. Wahl des Domainnamens

Die Wahl des Domainnamens ist ein wichtiger Schritt bei der Registrierung einer De-Domain. Der Domainname muss und ist aus technischen Gründen einzigartig. Er darf keine Rechte Dritter verletzen. Es ist möglich, Domainnamen mit Umlauten und Sonderzeichen zu registrieren.

3. Registrierung über einen akkreditierten Registrar

Die meisten Registrierungen von De-Domains erfolgen über akkreditierte Registrare. Diese sind von der DENIC eG genehmigt und bieten eine einfache und komfortable Möglichkeit, De-Domains zu registrieren.

Die Registrierung von De-Domains erfolgt entweder direkt in Domainportalen oder zum Beispiel nach einem per E-Mail versandten Auftrag an den Registrar oder Provider.

4. Registrierung direkt bei der DENIC eG

Es ist auch möglich, De-Domains direkt bei der DENIC eG zu registrieren. Diese Option ist im Vergleich zu den Preisen der Registrare sehr teuer.

DENIC möchte, dass die De-Domains bei den DENIC-Mitgliedern registrieren werden, daher macht DENIC die Direktregistrierung sehr teuer.

5. Kosten und Laufzeit

Die Kosten für die Registrierung einer De-Domain können je nach Registrar und Leistungsumfang variieren. In der Regel fallen einmalige Registrierungsgebühren sowie jährliche Verlängerungsgebühren an.

Die Laufzeit einer De-Domain beträgt in der Regel ein Jahr und kann jeweils um ein weiteres Jahr verlängert werden. Vor Ablauf der Laufzeit erhalten Registranten eine Benachrichtigung über die anstehende Verlängerung und die entsprechenden Kosten.

6. Übertragung von De-Domains

Es ist möglich, De-Domains von einem Registrar zu einem anderen zu übertragen. Dies kann sinnvoll sein, wenn der Registrant mit dem bisherigen Registrar unzufrieden ist oder einen besseren Service zu einem günstigeren Preis sucht.

Die Übertragung erfolgt über ein spezielles Verfahren, das von der DENIC eG vorgegeben wird

Die Übertragung einer De-Domain von einem Registrar zu einem anderen ist ein relativ einfacher und unkomplizierter Vorgang.

Es gibt verschiedene Gründe, warum Registranten eine Übertragung ihrer De-Domain vornehmen möchten. Möglicherweise sind sie mit dem Service ihres aktuellen Registrars unzufrieden oder suchen nach einem besseren Preis-Leistungs-Verhältnis.

Die Übertragung von De-Domains wird von der DENIC eG, der zentralen Registrierungsstelle für De-Domains, verwaltet. Das Verfahren zur Übertragung einer De-Domain ist von der DENIC eG genau festgelegt und muss von Registranten und Registraren eingehalten werden.

1. Schritt: AuthInfo-Code anfordern

Um eine De-Domain zu übertragen, muss der Registrant zunächst einen sogenannten AuthInfo-Code anfordern. Dies ist ein eindeutiger Code, der zur Authentifizierung des Domaininhabers und zur Freigabe der Übertragung benötigt wird.

2. Schritt: Übertragungsantrag stellen

Nachdem der AuthInfo-Code vorliegt, kann der Registrant den Übertragungsantrag stellen. Dieser Antrag muss bei dem neuen Registrar gestellt werden, zu dem die Domain übertragen werden soll.

In der Regel stellt der neue Registrar ein entsprechendes Formular zur Verfügung, das ausgefüllt und unterschrieben an den alten Registrar geschickt werden muss.

3. Schritt: Übertragung

Der neue Registrar beantragt mit dem Authcode die Übertragung der De-Domain zu sich. Der Transfer der Domain erfolgt nach dem Start des Transfers mit einem korrekten Authcode in Echtzeit oder, wie man auch sagt, in real time.

Nach der Übertragung wird der neue Registrar als Verwalter der Domain in der WHOIS-Datenbank der DENIC eG eingetragen.

Es ist zu beachten, dass die Übertragung einer De-Domain nicht immer kostenlos ist. Manche Registrare berechnen eine Gebühr für die Übertragung von Domains, und diese Gebühren können je nach Registrar variieren. Vor der Übertragung sollten Registranten die Kosten und Bedingungen sorgfältig prüfen, um sicherzustellen, dass sie die beste Option wählen.

Authinfo 2: Wenn nichts mehr geht …

Variante 1: Ihre De-Domain existiert noch

Sie besitzen eine De-Domain und wollen weg von Ihrem Provider oder Registrar. Er gibt die Authinfo Ihrer Domain nicht heraus oder kann das aufgrund seiner Situation nicht mehr.

Dafür gibt es eine Lösung:

Authinfo2.

Sie beantragen bei DENIC-Mitglied Secura (secura@domainregistry.de) die Authinfo2. Wir beauftragen DENIC elektronisch und DENIC schickt die Authinfo2 an die Adresse, die im WHOIS eingetragen ist.

Variante 2:

Ihre De-Domain ist bereits gelöscht.

Sie haben bis zu 30 Tage nach Löschung Zeit bei DENIC-Mitglied Secura (secura@domainregistry.de) die Authinfo2 zu beantragen.

Das Procedere ist das gleiche wie oben beschrieben.

Nach dem Erhalt der Authinfo2 können Sie zu jedem Provider umziehen - natürlich auch zu DENIC-Mitglied Secura GmbH.

Link:

https://www.ebay.de/itm/295097038280

Kapitel 4: Nutzung von De-Domains

De-Domains werden in Deutschland weit verbreitet genutzt und sind eine wichtige Komponente für Unternehmen, Organisationen und Einzelpersonen, um im Internet präsent zu sein und ihre Inhalte und Dienstleistungen zugänglich zu machen. In diesem Kapitel werden die verschiedenen Arten von Nutzungsmöglichkeiten für De-Domains erläutert.

1. Verwendung als Haupt-Website-Domain

Die häufigste Nutzung von De-Domains ist die Verwendung als Haupt-Website-Domain. Eine De-Domain kann direkt auf eine Website verweisen, auf der Benutzer auf Informationen, Datenbanken, Produkte oder Dienstleistungen zugreifen können.

Unternehmen nutzen De-Domains, um ihre Online-Präsenz zu etablieren und ihre Marke zu fördern. Es ist ratsam, eine Domain zu wählen, die einfach zu merken und leicht zu tippen ist, um potenziellen Kunden den Zugriff auf die Website zu erleichtern.

2. Verwendung als Weiterleitungs-Domain

De-Domains können auch als Weiterleitungs-Domain genutzt werden. In diesem Fall wird die De-Domain auf eine andere Website umgeleitet.

Die Webseite, auf die weitergeleitet wird, kann jede technisch funktionierende Domainendung benützen, es muß keine De-Domain sein.

Unternehmen oder Organisationen können diese Methode nutzen, um ihre Kunden auf eine andere Website umzuleiten, die beispielsweise spezielle Angebote, Informationen oder Dienstleistungen enthält. Dies kann dazu beitragen, dass Unternehmen ihre Kunden effektiver erreichen und ihre Marketingkampagnen gezielter gestalten können.

3. Verwendung als E-Mail-Domain

De-Domains können auch als E-Mail-Domain verwendet werden. Unternehmen oder Einzelpersonen können eine De-Domain nutzen, um ihre E-Mail-Adressen zu erstellen und professionell zu wirken. Eine E-Mail-Adresse mit einer eigenen Domain kann dazu beitragen, Vertrauen bei Kunden und Geschäftspartnern aufzubauen und die Glaubwürdigkeit einer Organisation zu erhöhen.

Es gibt eine ganze Reihe konkreter Gründe dafür, dass eine eigene Domain dafür verwendet wird, ein **E-Mail-Konto mit der eigenen Domain** anzulegen.

Für Firmen gilt ein schlagendes Argument gegen kostenfreie E-Mail-Konten zum Beispiel bei Yahoo, Google oder GMX und für die E-Mail-Adresse mit eigener Domain: Wer ein kostenfreies E-Mail-Konto benützt, sendet unterschwellig die Information, dass er sich keine Domain leisten kann. Die Folge kann sein, dass sein geschäftliches Anliegen von möglichen Geschäftspartnern nicht ernst genommen wird.

Wer seine E-Mail Adresse bei einem kostenfreien Provider angelegt hat, muss ständig das Postfach leeren und Angst haben, dass der Provider einmal die Adresse streicht. Geschäftspartner senden im letzteren Fall Aufträge und Anfragen, die ins Leere gehen.

Eine eigene E-Mail-Adresse hat mindestens diese Vorteile:

- Ihre E-Mail-Adresse zeigt, woher die E-Mail kommt. Sie können Ihren eigenen Namen unter mehreren Domains frei wählen.
- schlankerer Name, der leichter zu merken ist
- POP 3 Account: Sie können die E-Mails mit Outlook bequem lokal an Ihrem Computer lesen
- keine engen Größenbegrenzungen für Ihr Postfach
- keine engen Größenbegrenzungen für einkommende E-Mail,
- Die kostenlosen E-Mail-Adressen gelten als nicht sehr seriös und werden oft missbraucht. Ihre eigene E-Mail-Adresse zeigt, dass Ihr Geschäft floriert und Sie nicht auf kostenfreie Angebote angewiesen sind.

Die Vertraulichkeit der E-Mail Nachrichten ist Gegenstand der öffentlichen Diskussion. Wenn Sie bei ICANN Registrar Secura ein E-Mail-Konto bestellen, können Sie auf Wunsch Ihre E-Mail Nachrichten durch einen PGP Key oder durch ein

SSL Zertifikat verschlüsseln.

Link:

https://www.domainregistry.de/email.html

4. Registrierung der Domain zum Schutz von
   Markenrechten

De-Domains können auch dazu genutzt werden,
die Markenrechte eines Unternehmens zu
schützen. Unternehmen können Domains kaufen,
die mit ihrem Markennamen identisch sind, um zu
verhindern, dass andere Unternehmen oder
Personen die Domains nutzen, um die Marke des
Unternehmens zu untergraben. Dies kann auch
dazu beitragen, dass Kunden vor Betrug und
irreführender Werbung geschützt werden.

Die Registrierung der De-Domain ist in jedem Fall
günstiger als später hohe Rechtskosten
aufzubringen, um gegen die missbräuchliche
Verwendung der eigenen Marken als Domains
durch Dritte vorzugehen.

Bei einem Streit um Markenrechte können Sie bei DENIC einen Dispute-Antrag stellen:

„Sie bekommen einen DISPUTE-Eintrag, wenn Sie ihn bei DENIC beantragen. Dafür müssen Sie das entsprechende Formular ausfüllen oder das Online-Formular nutzen, unterzeichnen und im Original an DENIC schicken. Ihrem Antrag muss eine Anfrage bei DENIC über den Inhaber der Domain mittels Formular vorausgegangen sein. Diese Anfrage müssen Sie als Antragsteller innerhalb des letzten Monats vorgenommen haben. Bitte fügen Sie die erhaltene Auskunft Ihren Antrag auf einen DISPUTE-Eintrag bei.

Es ist besonders wichtig, dass Sie tatsächlich, wie Sie es mit Unterzeichnung des Antrags auch bestätigen, die Auseinandersetzung mit dem Domaininhaber schon führen oder in Kürze beginnen werden.

Außerdem müssen Sie Unterlagen beifügen, aus denen sich Anhaltspunkte dafür ergeben, dass Ihnen an der Domain, um die es geht, ein Recht zusteht. Geeignete Unterlagen, aus denen sich Ihre Rechte ergeben können, sind beispielsweise: im Falle einer Marke die entsprechende

Registerauskunft, im Falle einer Firma ein Auszug aus dem Handelsregister, im Falle eines Personennamens eine Kopie des Personalausweises oder Reisepasses und im Falle eines Gemeindenamens das Briefpapier der Gemeinde.

Ist Ihr DISPUTE-Antrag bei DENIC eingegangen und hat DENIC ihm entsprochen, erhalten Sie darüber eine Bestätigung mit weiteren Hinweisen und der Angabe, bis wann der DISPUTE-Eintrag gilt. Kann DENIC Ihrem DISPUTE-Antrag nicht entsprechen, etwa weil Sie die von Ihnen behaupteten Rechte an der Domain nicht mit Nachweisen untermauert haben oder weil bereits ein DISPUTE-Eintrag besteht, werden Sie auch darüber unterrichtet. Hören Sie hingegen nichts von DENIC, können Sie nicht davon ausgehen, dass ein DISPUTE-Eintrag eingerichtet wurde, und sollten nach zwei bis vier Wochen eine Nachfrage an DENIC richten."

5. Verwendung als Domain für spezielle Zwecke

De-Domains können auch für spezielle Zwecke genutzt werden, wie z.B. für lokale Unternehmen oder Organisationen. Eine De-Domain, die den Namen einer Stadt oder eines Landkreises enthält, kann dazu beitragen, dass ein Unternehmen oder eine Organisation in der Region besser gefunden wird und somit die lokale Präsenz gestärkt wird.

Zusammenfassend lässt sich sagen, dass De-Domains eine Vielzahl von Nutzungsmöglichkeiten bieten und ein wichtiger Bestandteil der Online-Präsenz von Unternehmen, Organisationen und Einzelpersonen in Deutschland sind. Von der Verwendung als Haupt-Website-Domain bis hin zur Verwendung als Domain zum Schutz von Markenrechten gibt es viele Möglichkeiten, wie De-Domains genutzt werden können, um im Internet präsent zu sein und erfolgreich zu sein.

Kapitel 5: Verwaltung der De-Domain

Die Verwaltung einer De-Domain umfasst eine Vielzahl von Aufgaben, die sicherstellen, dass die Domain korrekt registriert ist und ordnungsgemäß funktioniert. In diesem Kapitel werden die verschiedenen Aspekte der Verwaltung von De-Domains erläutert.

1. Registrierung von De-Domains

Die Registrierung einer De-Domain ist der erste Schritt bei der Verwaltung einer Domain. Um eine De-Domain zu registrieren, gibt es grundsätzlich zwei Möglichkeitgen:

a) der Nutzer kann bei manchen Registraren in Domainportalen selbst seine De-Domain registrieren

b) der Nutzer muss eine Registrierungsanfrage an einen zugelassenen Registrar senden

Der Registrar wird die Verfügbarkeit der Domain prüfen und gegebenenfalls die Registrierung durchführen. Der Domaininhaber muss bei der Registrierung verschiedene Informationen wie seinen Namen, seine Kontaktdaten und die gewünschte Domain angeben. Es ist wichtig, dass diese Informationen korrekt sind, um eine reibungslose Registrierung und Verwaltung der Domain sicherzustellen.

2. Domain-Hosting

Nach der Registrierung einer De-Domain ist das nächste Element der Verwaltung die Wahl des Hostings. Der Domaininhaber muss entscheiden, wo die Website gehostet werden soll. Es gibt viele Hosting-Provider, die verschiedene Dienstleistungen anbieten, einschließlich Shared-Hosting, Virtual-Private-Server (VPS) und Dedicated-Hosting. Der Domaininhaber sollte sich Zeit nehmen, um den am besten geeigneten Hosting-Provider zu wählen, um sicherzustellen, dass die Website reibungslos funktioniert.

Der Registrar/Prover der Domain und der Hoster der Webseite können identisch sein, müssen es aber nicht sein.

3. DNS-Verwaltung

Domain Name System (DNS) ist ein wichtiger Bestandteil der Verwaltung von De-Domains. DNS ist ein Netzwerkprotokoll, das verwendet wird, um Domainnamen in IP-Adressen umzuwandeln, die von Computern und anderen Geräten verwendet werden, um Websites aufzurufen.

Der Domaininhaber muss sicherstellen, dass die DNS-Informationen der Domain korrekt konfiguriert sind. Dies beinhaltet die Einrichtung von Nameservern, die den Verweis auf die IP-Adressen der Website-Server enthalten.

4. Domain-Übertragung

Eine Domain-Übertragung kann notwendig sein, wenn der Domaininhaber seine Domain an einen anderen Registrar oder Hosting-Provider übertragen möchte. Um eine Domain-Übertragung durchzuführen, muss der Domaininhaber den Autorisierungscode des Domainnamens beim neuen Registrar einreichen

Siehe dazu Kapitel 3, Absatz 6: Übertragung einer De-Domain

5. Domaineigentümer-Wechsel

Wenn ein Inhaber einer Domain seine Domain an einen anderen Inhaber übertragen möchte, muss ein sogenannter Domaineigentümerwechsel stattfinden. Bei der DENIC, der zentralen Registrierungsstelle für Domains mit der Endung .de, ist dieser Vorgang relativ einfach und unkompliziert.

Um einen Domaineigentümerwechsel durchzuführen, müssen einige Schritte befolgt werden. Im Folgenden werde ich diese Schritte im Detail erläutern:

a) Sie haben Zugang zum Konto Ihrer Domain und können den Eigentümerwechsel selbst mit einem Update durchführen
b) Sie haben keinen Zugang zum Konto Ihrer Domain. Dann müssen Sie den Provider/das DENIC-Mitglied bitten, den Eigentümerwechsel durchzuführen.

Überprüfung der Identität

Das DENIC-Mitglied wird in der Regel einen schriftlichen Auftrag zum Domaineigentümer-Wechsel fordern.

Um sicherzustellen, dass der Antragsteller auch tatsächlich der Inhaber der Domain ist, muss die Identität des Antragstellers überprüft werden. Hierzu werden in der Regel eine Kopie des Personalausweises oder Reisepasses sowie eine Unterschriftsprobe angefordert.

Auch wenn sie selbst den Eigentümerwechsel per update durchführen oder das DENIC-Mitglied keinen schriftlichen Auftrag fordern sollte oder sich mit einer E-Mail gegnügt, ist es aus Gründen der Rechtssicherheit ratsam, dass ein schriftlicher Vertrag zwischen altem und neuem Domaineigentümer abgeschlossen wird. Das gilt besonders für den Fall, dass die Domain verkauft wurde.

Übertragung der Domain

Nachdem alle erforderlichen Unterlagen vorliegen und die Identität des Antragstellers überprüft wurde, kann die Übertragung der Domain durchgeführt werden. Hierbei wird der Domainname vom alten auf den neuen Inhaber übertragen. Dies geschieht in der Regel innerhalb von 24 Stunden.

Bestätigung der Übertragung

Sobald die Übertragung der Domain erfolgreich abgeschlossen wurde, erhält der neue Inhaber eine Bestätigung der Übertragung von der DENIC-Mitgliedsorganisation.

Links:

Kostenlose Muster für Domainverträge:

https://domain-recht.de/domain-recht/domain-vertraege

Denic zu Inhaberwechsel:

https://www.denic.de/domains/de-domains/inhaberwechsel

6.Verlängerung der Domain

Die Verlängerung der Domain ist ein wichtiger Aspekt der Verwaltung von De-Domains. Der Domaininhaber muss die Domain regelmäßig verlängern, um sicherzustellen, dass sie aktiv bleibt. Die Verlängerung erfolgt normalerweise einmal pro Jahr und kann in der Regel online durchgeführt werden. Wenn der Domaininhaber die Domain nicht verlängert, kann sie verfallen und von anderen registriert werden.

De-Domains, die nicht bezahlt werden, gehen nach dem Expiration Date 30 Tage in Quarantäne.

Denic started für solche Domains das TRANSIT-Verfahren, bei dem die De-Domain durch Bezahlung reaktiviert oder endgültig gelöscht wird.

Link:

https://www.denic.de/fragen-antworten/faqs-zu-transit#code-44

6. Domain-Sicherheit

Die Sicherheit von De-Domains ist ein wichtiger Aspekt bei der Verwaltung von Domains. Es gibt verschiedene Maßnahmen, die Domaininhaber ergreifen können, um die Sicherheit ihrer Domain zu gewährleisten.

a) Passwort-Sicherheit

Das Passwort für den Zugang zum Domain-Verwaltungsbereich sollte sicher und stark sein. Domaininhaber sollten regelmäßig ihr Passwort ändern und sicherstellen, dass es nicht leicht zu erraten ist. Ein sicheres Passwort besteht aus einer Kombination aus Groß- und Kleinbuchstaben, Zahlen und Sonderzeichen.

Viele Domainportale bieten auch Zwei-Faktor-Authentifizierung an, die die Sicherheit der Domains start erhöht.

b) Whois-Schutz

Whois ist ein öffentliches Verzeichnis von Domainnamen, das Informationen über den Inhaber, den Registrar und den technischen Kontakt der Domain enthält. Es ist ein wichtiges Werkzeug zur Aufrechterhaltung der Integrität des Domainnamensystems (DNS) und zur Unterstützung von Sicherheits- und Betrugsbekämpfungsmaßnahmen.

Allerdings können die in der Whois-Datenbank enthaltenen Informationen auch für Spamming,

Betrug oder Identitätsdiebstahl missbraucht werden. Aus diesem Grund hat die Europäische Union (EU) im Jahr 2018 eine neue Datenschutzverordnung eingeführt, die als GDPR (General Data Protection Regulation) bekannt ist. In diesem Artikel werden wir uns näher mit dem Thema Whois und Datenschutzverordnung beschäftigen.

Was ist die GDPR?

Die GDPR ist eine EU-Verordnung, die am 25. Mai 2018 in Kraft getreten ist und den Datenschutz und die Privatsphäre der Bürger in der EU stärkt. Die GDPR gibt den Benutzern mehr Kontrolle darüber, wie ihre personenbezogenen Daten gesammelt, verwendet, gespeichert und gelöscht werden. Die GDPR verpflichtet Organisationen, die personenbezogene Daten von EU-Bürgern sammeln, verwenden oder speichern, diese Daten sicher und geschützt zu halten und den Benutzern klare und verständliche Informationen darüber zu geben, wie ihre Daten verwendet werden.

Was ist Whois?

Wie bereits erwähnt, ist Whois ein öffentliches Verzeichnis von Domainnamen, das Informationen über den Inhaber, den Registrar und den technischen Kontakt der Domain enthält. Die in der Whois-Datenbank enthaltenen Informationen können von Regierungsbehörden, Strafverfolgungsbehörden, Unternehmen und Einzelpersonen genutzt werden, um einen Domainnameninhaber zu identifizieren und zu kontaktieren.

Wie betrifft die GDPR Whois?

Die GDPR betrifft auch die Whois-Datenbank. Nach den Vorschriften der GDPR müssen die Daten von EU-Bürgern geschützt werden. Wenn ein Domainname eine personenbezogene Daten enthält, wie zum Beispiel den Namen, die E-Mail-Adresse oder die Telefonnummer des Inhabers, muss der Registrar sicherstellen, dass diese Daten in Übereinstimmung mit der GDPR geschützt werden.

Wer ist von der GDPR betroffen?

Die GDPR betrifft Organisationen, die personenbezogene Daten von EU-Bürgern sammeln, verwenden oder speichern. Dies bedeutet, dass die GDPR für Unternehmen in der EU und für Unternehmen außerhalb der EU gilt, die personenbezogene Daten von EU-Bürgern sammeln oder verarbeiten.

Die GDPR betrifft die Whois-Datenbank, da sie personenbezogene Daten von Domainnameninhabern enthält. Aus diesem Grund müssen Registrar und Registries sicherstellen, dass die in der Whois-Datenbank enthaltenen personenbezogenen Daten in Übereinstimmung mit der GDPR geschützt werden.

Die Datenschutzgrundverordnung (GDPR) hat erhebliche Auswirkungen auf Whois, ein öffentlich zugängliches Verzeichnis von Domainnamen und deren Eigentümern. Die GDPR ist eine europäische Datenschutzverordnung, die am 25. Mai 2018 in Kraft trat und einen einheitlichen Datenschutzstandard in der Europäischen Union (EU) etablierte.

Vor der GDPR enthielt die Whois-Datenbank umfangreiche Informationen über Domaininhaber, einschließlich Name, Adresse, Telefonnummer und E-Mail-Adresse. Diese Informationen waren für jeden öffentlich zugänglich, der eine Whois-Abfrage durchführte. Diese Offenlegung von persönlichen Daten war jedoch umstritten und führte zu verschiedenen Datenschutzbedenken.

Die GDPR hat die Art und Weise, wie Whois betrieben wird, grundlegend verändert. Die Verordnung schreibt vor, dass personenbezogene Daten von EU-Bürgern nur dann gesammelt und verarbeitet werden dürfen, wenn dies ausdrücklich genehmigt wurde. Dies hat dazu geführt, dass Domainregistrierungsstellen und Registrare ihre Whois-Dienste angepasst haben, um den neuen Vorschriften zu entsprechen.

Der WHOIS von DENIC enthält nur Daten von Domaineigentümern, wenn sie Firmen sind. Aber auch bei Firmen wird neben den technischen Daten der Domain und dem Domainnamen nur der Firmenname veröffentlicht, nicht zum Beispiel die Telefonnummer oder die e-mail Adresse.

Bei Privatleuten und Firmen können die anonymisierten WHOIS-Daten bei DENIC abgefragt, wenn der Antragsteller ein berechtigtes Interesse nachweist.

Die GDPR hat auch die Rolle der Datenschutzbeauftragten gestärkt. Jede Organisation, die personenbezogene Daten verarbeitet, muss einen Datenschutzbeauftragten ernennen, der dafür verantwortlich ist, die Einhaltung der Verordnung sicherzustellen. Dies gilt auch für Domainregistrierungsstellen und Registrare.

Ein weiterer wichtiger Aspekt ist die Definition von "berechtigtem Interesse". Wenn ein Benutzer personenbezogene Daten über einen Domaininhaber sammeln möchte, muss er ein berechtigtes Interesse daran nachweisen können. Diese Voraussetzung soll verhindern, dass Whois-Daten für unangemessene Zwecke verwendet werden, wie beispielsweise Spamming oder Identitätsdiebstahl.

Insgesamt hat die GDPR dazu geführt, dass die Whois-Datenbanken weniger zugänglich sind und weniger persönliche Informationen enthalten. Dies hat jedoch auch zu einer höheren Datensicherheit und einem besseren Datenschutz beigetragen.

Es ist jedoch wichtig zu beachten, dass die GDPR nur für EU-Bürger gilt. Domaininhaber außerhalb der EU sind immer noch verpflichtet, ihre Informationen in Whois zu veröffentlichen, sofern dies nicht durch andere Vorschriften verboten ist.

Die meisten Registrierungsstellen halten sich allerdings an die GDPR der EU, auch wenn sie ihren Sitz in den USA haben, weil sie rechtliche und wirtschaftliche Konsequenzen befürchten, wenn sie das nicht tun.

Zusammenfassend lässt sich sagen, dass die GDPR erhebliche Auswirkungen auf Whois hat. Sie hat zu einer stärkeren Regulierung des Umgangs mit personenbezogenen Daten geführt und Domaininhabern mehr Kontrolle über ihre persönlichen gewährt.

Wer ganz auf Nummer Sicher gehen will, beauftragt noch einen Proxy-Service, der die Daten der Domain im WHOIS unabhängig von der Gesetzeslage anonymisiert. Bei Firmen verschwindet dann auch die Firmenname aus dem WHOIS.

Link:

https://www.ebay.de/itm/295542003443

c) DNSSEC

Domain Name System Security Extensions (DNSSEC) ist ein Sicherheitsprotokoll, das die Integrität der DNS-Informationen gewährleistet. DNSSEC fügt digitale Signaturen zu den DNS-Einträgen hinzu, um sicherzustellen, dass die DNS-Informationen nicht manipuliert wurden. Domaininhaber können DNSSEC aktivieren, um sicherzustellen, dass ihre DNS-Informationen sicher sind.

d) SSL-Zertifikat

Ein SSL-Zertifikat (Secure Sockets Layer) ist ein Sicherheitsprotokoll, das die Kommunikation zwischen einem Server und einem Client verschlüsselt. Wenn eine Website ein SSL-Zertifikat hat, wird die Verbindung zwischen dem Server und dem Browser des Benutzers verschlüsselt, um sicherzustellen, dass die Daten sicher übertragen werden. Domaininhaber sollten ein SSL-Zertifikat für ihre Website erwerben, um die Sicherheit der Benutzerdaten zu gewährleisten.

Link: https://domainregistry.de/zertifikate.html

e) DMARC

DMARC (Domain-based Message Authentication, Reporting and Conformance) ist eine Technologie, die dazu dient, E-Mail-Spoofing und Phishing-Angriffe zu bekämpfen. Diese Technologie wurde 2012 eingeführt und ist eine Erweiterung von zwei bereits vorhandenen Technologien - SPF (Sender Policy Framework) und DKIM (DomainKeys Identified Mail).

DMARC ermöglicht es Domain-Inhabern, eine Richtlinie festzulegen, wie E-Mails, die von ihrer Domain stammen, behandelt werden sollen, wenn sie nicht authentifiziert werden können. DMARC gibt den Empfängern von E-Mails Anweisungen, wie sie mit E-Mails umgehen sollen, die nicht der DMARC-Richtlinie des Domain-Inhabers entsprechen.

DMARC funktioniert, indem es die Ergebnisse von SPF und DKIM kombiniert. SPF prüft, ob die IP-Adresse des Absenders in der DNS-Konfiguration der Domain aufgeführt ist, während DKIM die digitale Signatur der E-Mail überprüft. DMARC legt fest, welche Aktion ausgeführt werden soll, wenn weder SPF noch DKIM eine erfolgreiche Überprüfung durchgeführt haben.

Die DMARC-Richtlinie gibt an, ob eine E-Mail, die von einer bestimmten Domain stammt, abgelehnt oder zugelassen werden soll, wenn sie nicht authentifiziert werden kann. Es gibt drei Optionen: "none", "quarantine" und "reject". Die Option "none" gibt an, dass die E-Mail nicht abgelehnt oder blockiert werden soll, wenn sie nicht authentifiziert werden kann. Die Option "quarantine" gibt an, dass die E-Mail in den Spam-Ordner verschoben werden soll, und die Option "reject" gibt an, dass die E-Mail blockiert werden soll.

Die Einführung von DMARC hat dazu beigetragen, die Effektivität von E-Mail-Spoofing und Phishing-Angriffen zu verringern. Es hat Unternehmen und Organisationen geholfen, das Risiko von Betrug und Malware-Infektionen zu minimieren. DMARC ist jedoch keine Allheilmittel-Lösung und sollte in Verbindung mit anderen Sicherheitsmaßnahmen wie der Schulung der Mitarbeiter und der Nutzung von Anti-Malware-Software verwendet werden.

Es ist auch wichtig zu beachten, dass DMARC eine freiwillige Technologie ist und von Domain-Inhabern aktiviert werden muss. Wenn eine Domain-Verwaltung DMARC nicht aktiviert hat, kann DMARC nicht eingesetzt werden, um die Sicherheit von E-Mails zu verbessern.

Insgesamt ist DMARC eine wichtige Technologie, die dazu beiträgt, die Sicherheit von E-Mails zu verbessern und Unternehmen und Organisationen vor Betrug und Malware-Infektionen zu schützen. Es ist wichtig, dass Domain-Inhaber DMARC aktivieren und sicherstellen, dass ihre E-Mail-Kommunikation sicher ist.

f) DDoS-Schutz

Distributed Denial of Service (DDoS) ist ein Angriff, bei dem ein Server mit einer Flut von Traffic überwältigt wird, um die Website offline zu nehmen. Domaininhaber können einen DDoS-Schutz aktivieren, um ihre Website vor solchen Angriffen zu schützen. DDoS-Schutzdienste überwachen den Traffic, der auf die Website zugreift, und blockieren Angriffe, um sicherzustellen, dass die Website online bleibt.

Domaininhaber sollten die oben genannten Maßnahmen ergreifen, um sicherzustellen, dass ihre Domain sicher ist. Es ist wichtig, die Sicherheit der Domain regelmäßig zu überwachen und sicherzustellen, dass alle Sicherheitsmaßnahmen aktuell sind.

Zahlreiche Provider waren im vergangenen Jahr von Distributed Denial of Service-Angriffen auf Nameserver betroffen.

Falls die Webseite Ihres Unternehmens noch nicht betroffen war - sie könnte die nächste sein, die zeitweise gezwungen wird vom Netz zu gehen.

Es lässt sich allerdings etwas tun, um die Sicherheit Ihrer Domains zu verbessern.

Was bedeuten Anycast-Nameserver?

Anycast ist eine Technologie, bei welcher die selbe IP-Adresse an mehreren geografischen Standorten gleichzeitig verfügbar ist. BGP, das globale Routing-Protokoll des Internet, sorgt dafür, dass Anfragen an die topologisch nachstgelegene Instanz geführt werden. Dadurch wird die Latenz bei der DNS-Abfrage verringert, und die Last verteilt sich auf die verschiedenen "Nodes" (Standorte).

Im Falle einer Attacke auf das Nameserver-Netzwerk ist immer nur die der Attacke "nächste" Instanz betroffen, so dass der Normalbetrieb auf den verbliebenen Knoten weiterlaufen kann. Durch die Aggregation der Knoten auf eine einzelne IP-Adresse spart ein anycast-Netzwerk im Vergleich zu mehreren Unicast-Instanzen auch "Platz" in den DNS-Paketen, da es nur als ein einzelner NS-Record in der Delegation auftaucht.

Das Anycast-Netzwerk besteht derzeit aus mehr als mehreren aktiven weltweit verteilten Standorten.

Mit Anycast Technologie sind weltweit verteilte Nameserver unter ein und derselben IP-Adresse erreichbar. Sobald ein Domainname abgefragt wird, antwortet die netz topologisch nächstgelegene Anycast Instanz. Diese Technologie bringt nicht nur kürzere Antwortzeiten sondern auch eine bessere Lastverteilung mit sich.

Ein weiterer Vorteil: DOS Attacken befallen nur den Anycast Standort, der dem Angreifer am nächsten ist. Alle anderen Server sind nicht betroffen und antworten weiterhin auf DNS Anfragen.

Domains mit anycast-Nameserver sind nicht nur sicherer und schneller erreichbar, sondern erhalten auch tendenziell einer höheren Pagerank bei Google, da die Schnelligkeit beim Aufruf einer website in den Pagerank von Google miteinfliesst.

Normalerweise werden die Leistungen der Anycast-Nameserver per "queries" abgrechnet. Für den Kunden sind damit die Kosten der Anycast-Nameserver undurchschaubar und die Kosten nach oben offen.Die Fa. Secura bietet Anycast-Nameserver zu einem bescheidenen Fixkostenpreis an.

Link:

http://www.domainregistry.de/anycast-nameserver.html

Kapitel 6. Vier Gründe, warum Sie De-Domains verwenden sollten

Bei Google.de steht auf Seite 1 bei fast allen Suchanfragen nur oder überwiegend De-Domains.

Es gibt darüber hinaus weitere Gründe, warum deutsche Firmen De-Domains verwenden sollten:

Lokale Relevanz

De-Domains sind speziell für Websites in Deutschland reserviert und können daher dazu beitragen, die lokale Relevanz einer Website für Nutzer in Deutschland zu erhöhen.

Vertrauen

Eine De-Domain kann dazu beitragen, das Vertrauen von Nutzern in eine Website zu erhöhen, da sie zeigt, dass sich die Website auf den deutschen Markt konzentriert und sich an deutsche Nutzer richtet.

Suchmaschinenoptimierung

Gehen Sie bitte doch einmal zu Google.de und

geben Sie das Stichwort "Bücher" ein. Sie werden selbst feststellen, dass Sie nur Webseiten auf der ersten Seite von google.de finden werden, die mit De-Domains arbeiten.

Bei anderen Stichworten ist die Lage genauso oder ähnlich. Das ist das wichtigste Argument für die Registrierung einer de-Domain, wenn der große Markt Deutschland Sie interessiert.

Deutsche suchen zuerst nach de-Domains. Viele Nutzer gehen nicht zu Google, um zu suchen, sondern geben spontan Begriffe +.de in den Browser ein.

Da Deutsche erwarten, daß eine Webseite .de verwendet, merken sie sich besuchte Seiten oder Seiten, von denen sie gehört haben, unbewußt mit einer De-Domain, selbst wenn es tatsächlich keine De-Domain gewesen ist. Auch durch diesen Effekt können Webseiten-Inhaber Traffic verlieren, wenn Sie andere Domains verwenden.

Es spricht übrigens nichts dagegen, neben der de-Domain auch andere Domains, z.B. Neue Top Level Domains, zu registrieren, um sie auf die

Webseite zu leiten. Mehr Netze fangen mehr Fische....

Die Verwendung einer De-Domain kann daher dazu beitragen, dass eine Website in den Suchergebnissen für Nutzer in Deutschland höher erscheint, da Suchmaschinen die lokale Relevanz einer Website berücksichtigen.

Wettbewerbsvorteil

In einigen Branchen gibt es starken Wettbewerb um die Aufmerksamkeit von Nutzern in Deutschland. Die Verwendung einer De-Domain kann dazu beitragen, dass eine Website im Vergleich zu anderen im Wettbewerb besser abschneidet.

Insgesamt kann die Verwendung einer De-Domain für deutsche Firmen ein wichtiger Teil ihrer Online-Präsenz sein, insbesondere wenn sie sich an Nutzer in Deutschland richten und ihre lokale Relevanz verbessern möchten.

Links:
https://www.domainregistry.de/de-domains.html
(deutsch)

https://www.domainregistry.de/de-domain.html
(English)

Kapitel 7: De-Domain – eine international genutzte Domain

Die De-Domain ist die länderspezifische Top-Level-Domain (ccTLD) für Deutschland. Sie wurde im Jahr 1986 von der Universität Dortmund eingeführt und wird von der Denic eG verwaltet. Die DENIC ist die zentrale Registrierungsstelle für alle De-Domains.

In Bezug auf die Verteilung von De-Domains auf deutsche und ausländische Domaininhaber gibt es einige interessante Fakten. Der größte Teil der De-Domains wird von deutschen Domaininhabern genutzt. Laut DENIC betrug der Anteil der deutschen Domaininhaber im Jahr 2021 etwa 80 Prozent. Die verbleibenden 20 Prozent der De-Domains werden von ausländischen Domaininhabern genutzt.

Die meisten ausländischen Domaininhaber stammen aus den europäischen Ländern, insbesondere aus Österreich, der Schweiz und den Niederlanden. Auch Domaininhaber aus den USA und China nutzen De-Domains.

Ein Grund dafür, dass auch ausländische Domaininhaber De-Domains nutzen, ist die Tatsache, dass die De-Domain aufgrund ihrer hohen Reputation und ihrer geografischen Relevanz für deutsche Websites eingesetzt wird. Eine De-Domain kann sich daher positiv auf das Ranking in deutschen Suchmaschinen auswirken und somit für ausländische Unternehmen, die auf dem deutschen Markt tätig sind, von Vorteil sein.

Es ist auch erwähnenswert, dass viele deutsche Unternehmen und Organisationen, die international tätig sind, De-Domains registrieren, um ihre Online-Präsenz in Deutschland zu stärken. In diesem Fall dient die De-Domain als Ergänzung zu einer internationalen Domain wie .com oder .org.

Zusammenfassend lässt sich sagen, dass die De-Domain hauptsächlich von deutschen Domaininhabern genutzt wird, aber auch von ausländischen Domaininhabern, insbesondere aus europäischen Ländern. Die hohe Reputation und geografische Relevanz der De-Domain für den deutschen Markt macht sie zu einer attraktiven Wahl für Unternehmen, die in Deutschland tätig sind oder ihre Präsenz auf dem deutschen Markt stärken möchten.

Kapitel 8: So wählst Du die richtige De-Domain

Wie nic.at festgestellt hat, wählen 76,4 % der Unternehmen den Domainnamen nach dem Firmennamen. Das ist eigentlich auch nicht weiter verwunderlich: Der eigene Firmenname ist logischerweise erste Wahl. Nur 21,8 % der Unternehmen ziehen generische Namen in Betracht. Hier zeigt sich, dass viele Firmen noch einen Beratungsbedarf haben: Das allgemeine Potential generischer Domainnamen und die Möglichkeit dadurch Traffic auf sich zu ziehen, ist von vielen noch nicht erkannt worden.

Verblüffend: Umgekehrt vorgehen

Du solltest bei Neugründungen den umgekehrten Weg gehen: Bei Firmengründungen sollte angesichts der Bedeutung von Marketing mittels Internet zunächst ein optimaler Domainnamen gefunden werden. Dann solltest du prüfen, ob der auf dem Domainnamen beruhende Firmenname im jeweiligen Land auf rechtliche Schwierigkeiten stößt.

Branchenübergreifend kann ich Dir einen Rat geben: Der Domainnamen -und daher auch der Firmenname - sollte leicht merkfähig sein, weil die Merkfähigkeit ein unschlagbarer Pluspunkt im Kampf um langfristige Aufmerksamkeit ist.

Die Merkfähigkeit kann mit dem Sinn des Begriffs, seiner evtl. Popularität, mit seiner Phonetik, mit den durch ihn ausgelösten Emotionen etc. zusammenhängen. Ein besonders wichtiger Aspekt: Kurz sollte der Domainnamen sein. Egal welche Vorteile der Klang oder Sinn des Begriffs darstellt, wenn er kurz ist, ist er besonders merkfähig.

An Listen denken

Dein Firmenname erscheint oft auf Listen, z.B. im Telefonbuch, auf Gelben Seiten, Linklisten usw. . Aus dieser Überlegung heraus kann man sich für einen Firmennamen entscheiden, der zum Beispiel mit "1" oder "A" beginnt. Dadurch ist die Wahrscheinlichkeit größer, dass bei Listen Dein Firmenname zuerst auftaucht.

Grundsätzlich: *Keine Bindestriche und Zahlen*

Verwende keine Bindestriche oder Zahlen in Deinem Domainnamen – es ist für Leute schwer, sich an Bindestriche oder Zahlen und deren Platzierung in einem Domainnamen zu erinnern, es sei denn, es geht um das Thema Deiner Website.

Manchmal musst du Bindestriche verwenden, weil der einfache Name weg ist. In diesem Fall ist es oft besser, sich einen völlig anderen Namen auszudenken.

Das Problem mit Bindestrichen besteht darin, dass Benutzer möglicherweise die falsche Webseite besuchen. Wenn Du versuchst, gourmetdogtreats.com zu registrieren, aber der Name bereits vergeben ist, kannst Du Dich stattdessen für die Registrierung von gourmet-dog-treats.com entscheiden. Aber du läufst Gefahr, dass Nutzer, die dich zu finden versuchen, indem sie eine Adresse in den Browser eingeben, nicht deine Adresse wählen, sondern die Adresse ohne Bindestrich. Das bedeutet, dass Du Umsatz verlierst, weil Deine Entscheidung bei der Auswahl der Domain nicht optimal gewesen ist. Versuche stattdessen besser, einen Namen wie homemadedogtreats.com zu registrieren.

Keine Regel ohne Ausnahme

Wenn Dir ein Domainnamen ohne Bindestrich gehört, der aus zwei Wörtern besteht, solltest Du auch den Domainnamen mit Bindestrich registrieren. Andernfalls verlierst du Traffic, da ein Teil der Verbraucher die Domain mit einem Bindestrich in den Browser eintippt.

Worst Case: Ein Konkurrent registriert und nutzt die Domain mit Bindestrichen und versucht dadurch Deinen Kundenstamm für sich auszubeuten.

Sei schnell

Wenn Dir nachts ein guter Domainname einfällt, dann registriere ihn so schnell wie möglich.

Bei Domainnamen gilt: "Wer zuerst kommt, mahlt zuerst!"

Ein Domainnamen zu registrieren, ist preiswert. Deinen Wunschnamen einem Dritten abzukaufen, kann sehr teuer werden - und es ist ärgerlich, wenn Du die Registrierung selbst zuvor erwogen hast.

In der Kürze liegt die Würze

Halte Deinen Domainnamen kurz. Er sollte möglichst nur aus einem Wort bestehen. Je kürzer dein Domainnamen ist, desto merkfähiger ist er. Die Merkfähigkeit eines Domainnamens ist der Schlüssel zum erfolgreichen Marketing der Webseite des Domainnamens.

Neue Top Level Domains

Wenn Dein Domainnamen unter der De-Domain oder com-Domain vergeben ist, ist es oft besser eine andere Domainendung zu nehmen, als bei dem Namen Kompromisse zu machen, um krampfhaft einen Domainnamen unter der De-Domain oder com-Dom zu registrieren. Die Neuen Top Level Domains bieten Dir viele Alternativen an.

Viele Neue Top Level Domains sind "sprechende" Domains. Es ergeben sich dadurch ganz neue Möglichkeiten für das Marketing.

Wir zitieren Sedo.de mit einem möglichen Fall: "Denkbar wäre zum Beispiel, die Domain edgy.fashion zu registrieren und fortan einfach als edgy.fashion zu firmieren. Ein entsprechend geschickt designtes Logo für Flyer oder Online-Werbung würde dann gleichzeitig den Firmennamen und die Domain darstellen. Echte domainzentrierte Werbung."

Unfreiwillig komisch?

Auch ein witziges Wortspiel kann Dir beim Marketing helfen, aber dies ist ein gefährliches Terrain: "Unfreiwillig komisch" und "Lächerlich" sind mögliche Bewertungen für überanstrengte Bemühungen um Esprit. Es droht Dir auch die Gefahr nicht verstanden zu werden: ein "Insider Joke" ist keine Grundlage für einen Domainnamen und Firmennamen.

Dennis Hopper nannte einen seiner Firmen "At the Edge LLC", also "Am Abgrund GmbH". Wir wissen nicht, ob er sich mit dieser Firma um Bankkredite bemühte und wenn ja, ob er welche bekommen hat.

Beratung schadet nicht

Du solltest Dich nicht scheuen, Dich beraten zu lassen. Dein Registrar kennt den Domainmarkt besser als du und weiß besser, was alles möglich ist. Evt. ist der gewählte Name für deine Firma so gut, daß man sich nicht davor scheuen sollte, ihn anzukaufen, wenn er nicht mehr frei ist. Auch Deine Werbeagentur kann in der Regel gute Hinweise für einen Domainnamen geben. Dein Rechtsanwalt weiß meistens spontan, welchen Namen die Handelskammer nicht genehmigen wird.

Ein Gespräch mit der Handelskammer kann manchmal schon im Vorfeld bei zweifelhaften Namen klären, welcher Firmenname genehmigungsfähig ist und welcher nicht. Selbstverständlich kann der Firmenname evt. Zusätze tragen wie z.B. Gesellschaft für Marketing mit beschränkter Haftung, die seine Genehmigung evt erst ermöglichen, die aber im Domainnamen nicht auftauchen.

Markencheck

Du solltest bei der Wahl des Domainnamen/Firmennamen auch einen Markencheck durchzuführen. Ohne Markencheck kann Deine Wahl des Firmennamens zu Rechtsstreitigkeiten führen. Für Markenchecks findest Du kostenloses Tools im Internet.

Kapitel 9: De-Domain und Suchmaschinenoptimierung (SEO)

Die De-Domain ist für die Suchmaschinenoptimierung (SEO) belegbar eine gute Wahl:

Bei Google.de steht auf Seite 1 bei fast allen Suchanfragen nur oder überwiegend De-Domains.

Folgende Gründe sprechen dafür, De-Domains aus Gründen der Suchmaschinenoptimierung zu verwenden:

1. Geotargeting

Da die De-Domain für Deutschland steht, kann sie für gezielte SEO-Kampagnen für den deutschen Markt genutzt werden. Wenn Sie eine Website für den deutschen Markt betreiben, kann die Verwendung einer De-Domain dazu beitragen, dass Ihre Website in den Suchmaschinenergebnissen für deutsche Benutzer priorisiert wird. Suchmaschinen wie Google verwenden Geolokalisierung, um die Ergebnisse für Benutzer in einem bestimmten Land zu priorisieren.

2. Vertrauen

Die Verwendung einer De-Domain kann auch das Vertrauen der Benutzer erhöhen. Eine De-Domain zeigt an, dass Ihre Website in Deutschland registriert ist und eine gewisse Legitimität hat. Benutzer können eine Website mit einer De-Domain als glaubwürdiger ansehen als Websites mit anderen Domainendungen.

3. Keyword-Optimierung

Die Verwendung von Schlüsselwörtern in der Domain kann auch zur Suchmaschinenoptimierung beitragen. Wenn Sie Schlüsselwörter in Ihrer De-Domain verwenden, können Sie die Wahrscheinlichkeit erhöhen, dass Ihre Website in den Suchmaschinenergebnissen für diese Schlüsselwörter erscheint. Dies ist jedoch nur ein Faktor von vielen, die bei der SEO-Optimierung berücksichtigt werden müssen.

4. Verfügbarkeit

Im Gegensatz zu einigen der anderen Top Level Domains wie .com oder .net, die viel stärker genutzt werden, sind trotz der hohen Zahl an registrierten De-Domains viele attraktive De-Domains noch verfügbar. Das bedeutet, dass Sie möglicherweise eine Domain mit den von Ihnen gewünschten Schlüsselwörtern finden und diese für Ihre SEO-Strategie nutzen können.

5. Markenbildung

Die Verwendung einer De-Domain kann auch dazu beitragen, Ihre Marke zu stärken. Eine konsistente Verwendung Ihrer Marke in Ihrer Domain kann dazu beitragen, dass Benutzer Ihre Marke besser erkennen und sich besser daran erinnern können. Eine starke Marke kann auch zur Suchmaschinenoptimierung beitragen, da eine starke Markenbekanntheit die Wahrscheinlichkeit erhöht, dass Ihre Website in den Suchmaschinenergebnissen für Ihre Marke erscheint.

Fazit:

Die De-Domain kann eine gute Wahl für die Suchmaschinenoptimierung sein, da sie Geotargeting, Vertrauen, Keyword-Optimierung, Verfügbarkeit und Markenbildung unterstützt. Die Verwendung einer De-Domain kann dazu beitragen, dass Ihre Website für den deutschen Markt priorisiert wird und das Vertrauen der Benutzer erhöht wird. Die Verwendung von Schlüsselwörtern in Ihrer Domain kann auch zur SEO-Optimierung beitragen. Insgesamt ist die De-Domain eine starke Option für Websites, die sich auf den deutschen Markt konzentrieren.

Kapitel 10: Warum billige Domains sehr teuer werden können

Es ist eine Geschichte unter vielen über verlorene Internet-Adressen:

"Early Tuesday, gamers woke up to find out that they couldn't log in to any Sony Online Entertainment games--no Everquest, no Planetside 2, none of them. Oddly, the forums where company reps might have posted some explanation weren't reachable, either. A bit of journalistic investigation by EQ2Wire came across the explanation: SOE forgot to renew the domain registration on SonyOnline.net, the hidden domain that holds all their nameservers. After 7 weeks of non-payment post-expiration, NetworkSolutions reclaimed the domain, sending all access to Sony's games into an internet black hole. Sony has since paid up. SOE's president, John Smedley, has admitted that the expiration notices were being sent to an 'unread email' address."

So mancher Domaineigentümer wird denken, das kann mir nicht passieren: Ich zahle meine Domains pünktlich.

Aber nur ein Teil der Domainverluste geht auf unpünktliche Zahlung zurück. Das Vergessen der Rechnungsnummer auf dem Überweisungsbeleg kann auch zur Domainlöschung führen. Bei der Buchhaltung des Registrars gehen solche Fälle in den Topf der "Problemfälle" ein. Es kommt vor, daß die Buchhaltung den Problemfall bis zum Auslaufdatum nicht löst.

Aber auch wenn die Domaingebühr mit Rechnungsnummer überwiesen wird, kommt es vor, daß die Domain dennoch gelöscht wird. Der Domaineigentümer hat nicht bemerkt, daß der Registrar sein Konto für Domainregistrierung gewechselt hat und auf ein altes Konto eingezahlt hat.

Was ist die Ursache dieser Probleme?

US-Registrare und Billig-Anbieter in Europa löschen eine Domain, wenn nicht bis zum Expiration Date der Domain die Domaingebühr bezahlt worden ist.

Der DENIC-Mitglied Secura
(https://www.domainregistry.de) arbeitet anders:
Alle Domains der Kunden stehen auf Auto-
Renewal. Manche Registrare praktizieren auch
Autorenewal, aber löschen die Domain vor Ablauf
der sogenannten Grace Period, wenn Sie keine
Bezahlung erhalten haben. Sie sind dabei auf der
sicheren Seite, weil sie die Domaingebühr bei den
Registrierungsstelle auch in diesem Fall nicht
bezahlen müsssen.

ICANN Registrar Secura geht dagegen ins Risiko:
Die Firma läßt dem Kunden im Interesse der
Sicherheit seiner Domains Zeit, um aufzuklären,
warum eine Zahlung nicht eingetroffen ist.

Die Domains des Kunden werden in jedem Fall
verlängert.

Der Verlust einer Domain ist für jede Firma
schwerwiegend.

Es gibt bei domainregistry.de einen transparenten
Preis für die Domain pro Jahr. Viele Registrare
haben neben dem Preis für ein Jahr eine Set-up-
Gebühr, eine Gebühr für Transfer, eine Gebühr für
Updates, eine Gebühr für Domaineigentümer-

Änderung usw. Bei Secura GmbH sind alle diese Leistungen kostenfrei.

Mit der Methode jeden Handschlag zu berechnen, stellen viele Mitwettbewerber sich rein optisch besser dar, weil ihr Jahrespreis pro Domain optischer niedriger dargestellt werden kann.

Die hunderfach für die Kunden eingerichten Weiterleitungen von Domains und E-Mails sind bei Secura kostenlos. Secura wählt für die Weiterleitungen keine billige, unsichere Variante. Die URL Weiterleitungen für Domains sichert die Firma immer mit einem Let's Encrypt-Zertifikat auf unserem eigenen Server ab und realisieren auch komplexe Setups etwa mit Geo-Location-Browserweiche oder differenzierte Weiterleitungen für Sub-Domains und Sub-Directories.

Secura GmbH bietet auch SSL/TLS-Zertifikate von kommerziellen Anbietern an. Diese Zertifikate sind, je nach Sicherheitskategorie, mit verschiedenen Gewährleistungen der Aussteller (500.000 USD und mehr) verbunden. Das Basis-Zertifikat (Thawte 123 SSL von Digicert) kostet 49,58 EUR zzgl. MwSt. pro Jahr und kann in wenigen Stunden implementiert werden.

Darüberhinaus bieten wir Wildcard und Spezial-Zertifikate für Szenarien mit hohen Sicherheitsanforderungen (Organization-validated certificates).

Sicherheit

Man kann die Leistungen von Secura nur schwerlich mit denen von anderen vergleichen. Die Kunden erhalten nicht einfach Domains, sondern ein Gesamtpaket.

Secura sieht als mitdenkender Dienstleister nicht die Domains im Mittelpunkt, sondern das Verhältnis zum Kunden. Daher raten wir Kunden auch einmal, alte Domains wegen einer Löschung zu prüfen.

Die Verwaltung der Domains geschieht auf Servern, die im ehemaligen Tresorraum der Landesbank des Saarlands stehen.

Die Domains sind nicht nur technisch auf „state-of-the-art"-Niveau gesichert, auch der physische Zugang zu den Rechnern ist optimal gesichert.

Besonders wird auch von Kunden von Secura die Breite des Angebotes geschätzt. Die Firma ist bei ICANN für zahlreiche Domains akkreditiert und kann praktisch alle aktiven Länder-Domains verwalten. Wer sich für ICANN Registrar und DENIC-Mitflied Secura entscheidet, benötigt keinen zweiten Registrar für die kniffligen Domains.

Mit der Bezahlung der genannten Domainkosten bekommen Kunden ein "allinclusive"-Paket. Bei einem Teil der Domains sind in den Preisen die Kosten für lokale Treuhänder als Eigentümer-Kontakt oder als Admin-C-Kontakt mitinbegriffen.

Viele Anbieter weisen dort günstigere Preise aus, weil sie keine Treuhänder stellen, sondern erwarten, daß der Kunde eine Firma in dem fraglichen Land besitzt, wenn er eine Domain wünscht.

Über den Treuhänder hinaus sind beispielsweise kostenfrei:

1. Service (wie updates, Domainregistrierungen)

2. Keine weiteren Kosten für Updates, Trades, Inhaberänderungen etc., selbst wenn sie bei den Registries kostenpflichtig sind

2. Support und Beratung per e-mail und Telefon

3. Nutzung von diversen Nameservern in allen möglichen Konstellationen.

4. Weiterleitungen auf URLs, Subdomains oder Domains

5. Anrufe kosten nur die normalen Telefongebühren, aus Kanada und USA gibt es Tollfree-Nummern.

Es gibt kein Call-Center und keine Wartezeiten am Telefon. Bei den Billig-Anbietern kommt es häufig vor, daß hochbezahlte Mitarbeiter von großen Firmen stundenlang auf den Telefonsupport warten müssen, der zum Teil in andere Länder wie Indien ausgelagert ist und dessen Mitarbeiter die Detailprobleme der Domainregistrierung nicht kennen.

Link:

https://www.domainregistry.de

Kapitel 11: De-Domain für Social Media Konten

Typisch für Youtube ist, dass der Nutzer eine Unterseite in der Form "youtube.com/nutzer" bekommt. Für so eine Seite ein hohes Ranking in Suchmaschinen zu erstreben, ist verlorene Liebesmüh. Die Regel wird sein, dass Suchmaschinen solche Seiten gar nicht listen.

Ratsam ist es, eine eigene Domain für die Unterseite bei Youtube zu registrieren und dann auf die Unterseite weiterzuleiten. Diese Domain könnte z.B. lauten norbertsyoutube.de

Damit steigen die Chancen mit dem ganzen Inhalt auf Youtube auch in Suchmaschinen aufzutauchen.

Vieles spricht dafür, die eigene Länderdomain, also bei den meisten unserer Kunden eine De-Domain, für das eigene Youtube-Konto zu verwenden, weil die Merkfähigkeit einer De-Domain hoch ist.

Alles, was hier über Youtube gesagt wurde, gilt natürlich auch für Facebook, Twitter, Myvideo,

Dailymotion,Instagram, Tiktok und ähnliche Social Media Konten.

Link:

https://www.domainregistry.de/de-domains.html

Kapitel 12: Zukunft der De-Domain

Die Zukunft der De-Domain sieht vielversprechend aus, da sie sich an die sich ständig ändernden Anforderungen und Entwicklungen der Internetlandschaft anpasst. Hier sind einige Aspekte, die die Zukunft der De-Domain beeinflussen könnten:

1. Neue gTLDs

Die Einführung neuer generischer Top-Level-Domains (gTLDs) könnte die Zukunft der De-Domain beeinflussen. Die ICANN hat die Einführung von Hunderten neuer gTLDs genehmigt, was bedeutet, dass Domaininhaber nun eine größere Auswahl an Domainendungen haben. Wenn sich diese neuen gTLDs als beliebt erweisen, könnte dies die Verwendung der De-Domain beeinträchtigen.

2. Internationalisierung

Die Internationalisierung des Internets könnte auch die Zukunft der De-Domain beeinflussen. Domainnamen in anderen Sprachen als Englisch werden immer häufiger verwendet. Die Einführung von IDN-Domains (Internationalized Domain Names) ermöglicht es nun, Domainnamen in nicht-lateinischen Schriften zu registrieren. Die De-Domain hat bereits IDN-Domains eingeführt, um die Bedürfnisse von Ausländern und der deutschsprachigen Bevölkerung zu erfüllen.

Man kann De-Domains mit Umlauten registrieren.

Falls Sie in Ihrem Namen, Firmennamen oder in Ihrem Domainnamen ein Umlaut haben, sollten Sie die neue De-Domain registrieren lassen, weil Sie sonst traffic verlieren. Viele Besucher geben nämlich jetzt schon den Domainnamen mit Umlauten in den Browser ein.

Sicherheit

Die Sicherheit von De-Domains wird in Zukunft weiterhin von großer Bedeutung sein. Domaininhaber werden ermutigt, zusätzliche Sicherheitsmaßnahmen zu ergreifen, um ihre Domains vor Cyberangriffen und Betrug zu schützen. Der Einsatz von Technologien wie DNSSEC und SSL-Zertifikaten wird in Zukunft wahrscheinlich noch weiter zunehmen.

4. Innovation

Die De-Domain wird sich weiterhin an die sich ständig ändernde Internetlandschaft anpassen und innovative Technologien einführen. Die Einführung von DNSSEC und IDN-Domains sind Beispiele dafür. Die De-Domain wird auch weiterhin neue Technologien und Funktionen einführen, um den Bedürfnissen der Domaininhaber und der Internetnutzer gerecht zu werden.

5. Datenschutz

Datenschutz und Privatsphäre werden in der Zukunft wahrscheinlich noch wichtiger werden. Die DSGVO (Datenschutz-Grundverordnung) hat den Schutz personenbezogener Daten in der Europäischen Union gestärkt, was sich auch auf die Verwaltung von De-Domains auswirkt. Domaininhaber werden ermutigt, sicherzustellen, dass ihre Domains den Datenschutzbestimmungen entsprechen, um den Schutz personenbezogener Daten zu gewährleisten.

Fazit:

Die De-Domain hat eine vielversprechende Zukunft, da sie sich an die sich ständig ändernden Anforderungen und Entwicklungen der Internetlandschaft anpasst. Die Einführung neuer gTLDs, die Internationalisierung des Internets, die Sicherheit, Innovation und der Datenschutz werden die Zukunft der De-Domain beeinflussen. Es wird erwartet, dass die De-Domain weiterhin neue Technologien und Funktionen einführen wird, um den Bedürfnissen der Domaininhaber und der Internetnutzer gerecht zu werden.

Impressum:
Bibliografische Information der Deutschen Nationalbibliothek:
Die Deutsche Nationalbibliothek verzeichnet diese Publikation in der Deutschen Nationalbibliografie; detaillierte bibliografische Daten sind im Internet über dnb.dnb.de abrufbar.

Copyright: © Hans-Peter Oswald..

Herstellung und Verlag: BoD – Books on Demand, Norderstedt

ISBN: 9783744890458